Märchen und Sagen aus Ostfriesland und Oldenburg

Jurjen van der Kooi / Theo Schuster
Der Großherzog und die Marktfrau
Märchen und Schwänke aus Oldenburg

450 Seiten mit 30 Fotografien aus alter Zeit, gebunden

Eine umfassende Sammlung hoch- u. plattdeutscher oldenburgischer Märchen und Schwänke mit 320 Texten. Grundlage ist das Werk von Ludwig Strackerjan (1825-1881), ergänzt um Texte aus unterschiedlichen Quellen. Ein überraschend facettenreiches Lese- u. Vorlesebuch für jeden Oldenburger.

Jurjen van der Kooi / Theo Schuster
Märchen und Schwänke aus Ostfriesland

432 Seiten mit 22 Fotografien aus alter Zeit, gebunden

Diese erste Sammlung hoch- u. plattdeutscher ostfriesischer Märchen und Schwänke mit 271 Texten, ist zugleich ein Lese- u. Vorlesebuch für jeden an Ostfriesland und seiner Volksliteratur Interessierten. ‚Seit Jahren ist keine so solide Dokumentation über eine deutsche Erzähllandschaft mehr erschienen’ urteilt der Volkskundler Siegfried Neumann. Der Band enthält drei weitere Fassungen von ‚Jan-Manntje in ’t papieren Huuske’.

Jurjen van der Kooi / Theo Schuster
Die Frau, die verlorenging
Sagen aus Ostfriesland

589 Seiten mit 35 Federzeichnungen von Jochen Stücke, gebunden

Die umfassendste Sammlung von Volkssagen enthält zahlreiche unbekannte hoch- u. niederdeutsche Texte und zeigt, daß Sagen auch in der 2. Hälfte des 20. Jahrhunderts noch lebendig geblieben sind. Zahlreiche Texte wurden erstmals aus dem Volksmund festgehalten. Den einzelnen Kapiteln sind Exkurse über Hexen und Hexenprozesse, Vörloop (Vorspuk), Wiedergänger u.a.m. vorangestellt.

Theo Schuster
Bösselkatrien heet mien Swien…
Das Tier in der ostfriesischen Sprache und Kulturgeschichte

702 Seiten mit ca. 120 Abbildungen, gebunden

Die grundlegende Darstellung eines wichtigen Teilgebietes der ostfriesischen Volkskunde: Redensarten, Sprichwörter, Reime, Rätsel, Sitten und Bräuche, Aberglaube und Volksmedizin, Volkserzählungen und Literatur werden berücksichtigt. Ein einmaliges Standardwerk zur ostfriesischen und zugleich zur deutschen Kulturgeschichte.

Bilderbücher mit Illustrationen von Holger Fischer

Albrecht Janssen / Holger Fischer
Eerdmanntjes

Hochdeutscher Text
40 Seiten mit ca. 40 vierfarbigen Illustrationen und einem Nachwort, Format 18 x 25 cm, gebunden

Über die Eerdmanntjes vom Plytenberg in Leer gibt es viele Geschichten. Niemand jedoch hat phantasievoller über die ostfriesischen ‚Heinzelmännchen' fabuliert als Albrecht Janssen, dessen Märchen hier in einer schön illustrierten Einzelausgabe vorliegt. Als Ergänzung zum Buch gibt es einen Becher mit der Titelillustration und der Aufschrift ‚Leer, Stadt der Eerdmanntjes'.

Albrecht Janssen / Holger Fischer
Grote Jan un Lüttje Jan

Niederdeutscher Text mit hochdeutscher Übertragung
48 Seiten mit ca. 40 vierfarbigen Illustrationen und einem Nachwort, Format 18 x 25 cm, gebunden

Ein Bilderbuch für Kinder und zugleich ein schönes Geschenkbuch für Erwachsene mit dem Vornamen Jan oder Johann(es). Der niederdeutsche Text eines der bekanntesten ostfriesischen Märchen wird begleitet von Illustrationen des gebürtigen Emders Holger Fischer.
Ausgezeichnet von der Carl-Toepfer-Stiftung als ‚Plattdeutsches Buch des Jahres 2006'.

Wilhelmine Siefkes / Holger Fischer
Dat Ollske un de Bigge

Niederdeutscher Text
48 Seiten mit ca. 30, z.T. doppelseitigen vierfarbigen Illustrationen, Format 15 x 18,5 cm, gebunden

Das auch heute noch vergnüglich zu lesende Märchen von der alten Frau und ihrem widerspenstigen Ferkel ist ein altes Kettenmärchen, eine der ältesten Formen von Volksmärchen. Kettenmärchen wurden früher von Kindern gern gespielt oder gesungen. Der plattdeutsche Text ist so einfach, daß er auch für Hochdeutsche sogleich verständlich ist.

Fordern Sie unsere Verzeichnisse an oder besuchen Sie uns im Internet.
Verlag Schuster, Mühlenstraße 15/17, 26789 Leer
www.schuster-ostfriesenbuch.de

Jan-Manntje in't papieren Huuske

Ein ostfriesisches Märchen

Aufgeschrieben von Wilhelmine Siefkes
Illustriert von Holger Fischer
Herausgegeben von Theo Schuster

SCHUSTER

Dar was insmal en lüttje Keerl, de heede Jan-Manntje.
He wohnde in en papieren Huuske.

Da war einmal ein kleiner Mann, der hieß Jan-Manntje.
Er wohnte in einem Häuschen aus Papier.

Dichtbi wohnde en olle Hexe, un de harr 't up hum ofsehn.
Eenmal kwamm se un reep: »Jan-Manntje, do mi de Dör
open!«
Man he sä: »Nee, ik will di der neet in hebben.«
»Och«, sä de Hexe, »do 't man, Jan-Manntje, ik will di ok
heel wat Mojes wiesen.«
»So, wat denn?« froog he.
»Laat mi dar man in, denn will ik di 't seggen!« beloovde se.

*Nahebei wohnte eine alte Hexe, und die hatte es auf ihn
abgesehen.
Einmal kam sie und rief: »Jan-Manntje, mach mir die Tür
auf!«
Aber er sagte: »Nein, ich will dich nicht hier drin haben.«
»Ach«, sagte die Hexe, »tu 's nur, Jan-Manntje, ich will dir
auch was ganz Schönes zeigen.«
»So, was denn?« fragte er.
»Laß mich nur rein, dann will ich dir 's sagen!« versprach sie.*

Do wurr Jan-Manntje neesgierig un dä hör de Dör open:
»Wat wullt mi denn wiesen?«
Man de Hexe harr nix, un se sä: »Dat kann ik so neet,
mußt mit mi komen!«
»Wor denn hen?« wull he weten.
»Ik will di wiesen, wo moi dat in de Hemel is«, sä se.
»In de Hemel?« wunnerde Jan-Manntje sük, »wo komen
wi dar denn hen?«

Da wurde Jan-Manntje neugierig und öffnete ihr die Tür.
»Was willst du mir denn zeigen?«
Aber die Hexe hatte nichts, und sie sagte: »Das kann ich so
nicht, du mußt mit mir kommen!«
»Wohin denn?« wollte er wissen.
»Ich will dir zeigen, wie schön das im Himmel ist«, sagte sie.
»Im Himmel?« wunderte sich Jan-Manntje, »wie kommen
wir dort denn hin?«

Do hull se hum hör Sack open: »Stapp hier man in, ik will di dar hendragen.«

Jan-Manntje harr al lang geern wußt, wo dat in de Hemel utsach, darum dä he, wat de Hexe sä, un se bunn de Sack dicht.

»Nee«, reep Jan-Manntje, »so kann ik ja nix sehn!«

Da hielt sie ihm ihren Sack auf. »Steig hier nur rein, ich will dich dort hintragen.«

Jan-Manntje hatte schon lange gern wissen wollen, wie es im Himmel aussah, darum tat er, was die Hexe sagte, und sie band den Sack zu.

»Nein«, rief Jan-Manntje, »so kann ich ja nichts sehen!«

»Wacht man, bit wi dar sünd«, sä se, namm de Sack
up Puckel un sleepde darmit up hör Huus an.

»*Wart nur, bis wir dort sind*«, *sagte sie, nahm den Sack
auf den Rücken, um ihn nach Hause zu schleppen.*

15

As se bi de Koopmann vörbikwammen, doch se: »Ik hebb
kien Solt un kien Peper in Huus, dat will ik mi noch gau
halen.«
Un se settde de Sack bi en Heeg daal, nett akraat in en
Waterpool.
»Ha!« reep Jan-Manntje, »wor sünd wi nu?«
»In de Wulken«, sä se, »dar is 't wat natt! Wacht man,
gliek sünd wi dar.« Un se leep gau na de Koopmannswinkel.

Als sie bei dem Kaufmann vorbeikamen, dachte sie:
»Ich habe weder Salz noch Pfeffer im Haus, das will
ich mir noch schnell holen.«
Und sie setzte den Sack an einer Hecke ab, genau
in eine Pfütze.
»Ha!« rief Jan-Manntje, »wo sind wir nun?«
»In den Wolken«, sagte sie, »da ist es etwas naß!
Wart nur, gleich sind wir da!« Und sie ging schnell
zum Kaufmannsladen.

Man bi de Heeg wassen en paar Mannlü an 't Scheren, un de een keek de Sack an un meende: »Wat hett dat oll Wiev dar in? Dar röögt sük ja wat in!«

As Jan-Manntje de Stemm höörde, froog he: »Sünd wi nu in de Hemel?«

»In de Hemel?« lachden de Keerls, »nee, in en Waterpool! Well büst du denn?«

»Ik bün Jan-Manntje, un de oll Frau will mi de Hemel wiesen.«

Do maakden se de Sack open un wahrschauden hum: »Maak, dat du wegkummst, dat Wiev will nix Goods mit di!«

Aber nun waren ein paar Männer beim Scheren der Hecke, und der eine sah den Sack an und meinte: »Was hat das alte Weib da drin? Da bewegt sich ja was drin!«

Als Jan-Manntje die Stimme hörte, fragte er: »Sind wir nun im Himmel?«

»Im Himmel?« lachten die Männer, »nein, in einer Wasserpfütze! Wer bist du denn?«

»Ich bin Jan-Manntje, und die alte Frau will mir den Himmel zeigen!«

Da machten sie den Sack auf und warnten ihn: »Mach, daß du fortkommst, das Weib hat nichts Gutes mit dir vor.«

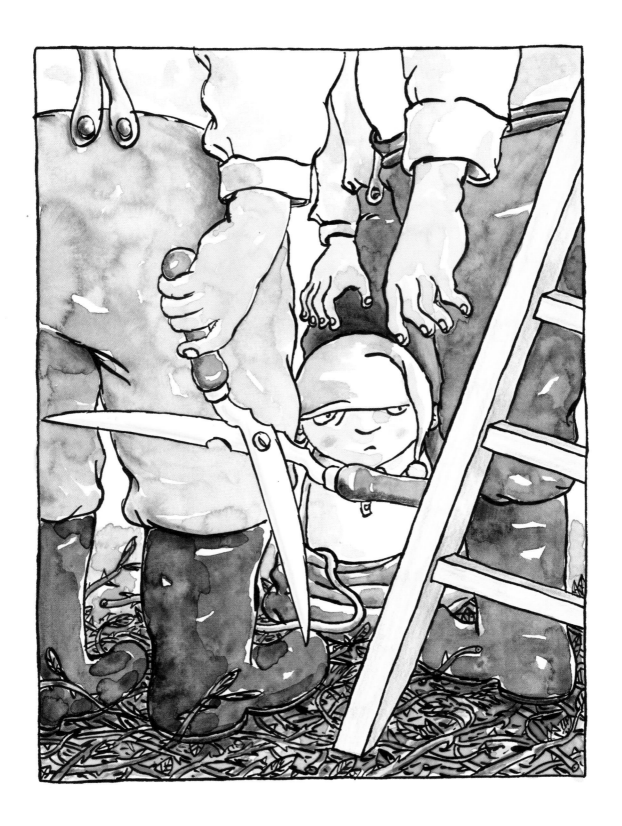

Un Jan-Manntje reet derlangs na sien papieren Huuske hen.
De Heegscheerders stoppden de Doorns, de se ofsneden
harren, in de Sack un bunnen hum weer dicht.
Do kwamm de Hexe weer, namm de Sack up Puckel un
gung wieder. Man de Doorns stoken hör in de Rügg,
un se reep düll: »Wullt du dat wall laten un mi mit Spellen
steken? Gliek kummst in de Pott!«
Man as se in Huus de Doorns funn, do wurr se vergrellt
un leep futt weer na 't papieren Huuske.

Und Jan-Manntje rannte schnell wieder zu seinem Papier-
häuschen. Die Heckenscherer stopften die Dornen, die sie
abgeschnitten hatten, in den Sack und banden ihn wieder zu.
Da kam die Hexe zurück, nahm den Sack auf den Rücken
und ging weiter. Aber die Dornen stachen sie in den Rücken,
und sie rief zornig: »Willst du das wohl lassen, mich mit
Nadeln zu stechen! Gleich kommst du in den Topf!«
Aber als sie zu Hause die Dornen fand, wurde sie
wütend und ging gleich wieder zum Papierhäuschen.

»Och, Jan-Manntje, warum büst du utreten?« reep se, »kumm doch!«

»Nee«, sä he, »de Heegscheerders hebben seggt, du harrst nix Goods mit mi in d' Sinn.«

»Och, de dumme Keerls«, sä de Hexe, »de wussen ja heel neet, dat ik di en gollen Uhr haalt hebb.«

»Ach, Jan-Manntje, warum bist du ausgerissen?« rief sie, »komm doch!«

»Nein«, sagte er, »die Heckenscherer haben gesagt, du hättest nichts Gutes mit mir vor.«

»Ach, die dummen Kerle«, sagte die Hexe, »die wußten ja gar nicht, daß ich dir eine goldene Uhr geholt habe.«

»Wat, en gollen Uhr?« Jan-Manntje wuß neet, wat he
hören dä.
»Ja, kiek man, do de Dör man open!« lockde se.
Un Jan-Manntje, de so geern en gollen Uhr hebben wull,
dä dat ok.

»Was? Eine goldene Uhr?« Jan-Manntje wußte nicht,
was er zu hören bekam.
»Ja, guck nur, mach nur die Tür auf«, lockte sie ihn.
Und Jan-Manntje, der so gern eine goldene Uhr haben
wollte, tat das auch.

Do greep de Hexe hum un stoppde hum weer in de Sack. Jan-Manntje raarde: »Laat mi d'rut, ik will neet mit!« Man se höörde dar neet na un freide sük al up de lecker Braa. Unnerwegens kwamm se an en Weertskupp vörbi, un do doch se bi sük: »Ik mutt mi dar noch even en Sluck bi halen.« Un se settde de Sack daal, wor en Stück of wat Mannlü an 't Stratenmaken wassen, un de froog se: »Will ji wall evkes up de Sack passen? Ik bün dar so weer.« Ja, sään se, dat wullen se wall.

Da packte ihn die Hexe und steckte ihn wieder in den Sack. Jan-Manntje schrie: »Laß mich raus, ich will nicht mit!« Aber sie hörte nicht darauf und freute sich schon auf den leckeren Braten.

Unterwegs kam sie an einer Wirtschaft vorbei, und da überlegte sie sich: »Ich muß mir doch noch etwas Schnaps dazu holen.« Und sie setzte den Sack dort ab, wo gerade ein paar Männer beim Straßenbau waren, und die fragte sie: »Wollt ihr wohl eben auf den Sack aufpassen? Ich bin gleich wieder da.«

Ja, sagten sie, das wollten sie wohl.

Man as de Hexe weg was, do fung Jan-Manntje weer
an t' ropen: »Laat mi d'rut, ik will neet mit.«
»Well sitt dar denn in?« frogen de Stratenmakers.
»Ik!« raarde he.
»Well büst du denn?«
»Ik bün Jan-Manntje!«
Do leten se hum d'rut, un he namm de Benen unner de
Arms un naihde weer na sien papieren Huuske. Un de
Stratenmakers stoppden van de dicke Flinten in de Sack
un bunnen hum weer dicht.

Aber als die Hexe fort war, da begann Jan-Manntje
wieder zu rufen: »Laßt mich raus, ich will nicht mit.«
»Wer sitzt da denn drin?« fragten die Straßenbauer.
»Ich«, brüllte er.
»Wer bist du denn?«
»Ich bin Jan-Manntje!«
Da ließen sie ihn raus, und er nahm die Beine unter die
Arme und rannte wieder zu seinem Papierhäuschen. Und
die Straßenbauer stopften ein paar dicke Pflastersteine
in den Sack und banden ihn wieder zu.

29

As de Hexe torüggkwamm, drückde se hör en Geldstück in
de Hand un puckelde mit de Sack wieder.

»Ja, maak di man swaar«, fung se an t' frocken, »ik krieg
di doch in de Pott!«

Man do se in Huus de Stenen funn, do wurr se so fileinig,
dat se futt up Stee weer na 't papieren Huuske leep.

*Als die Hexe zurückkam, drückte sie ihnen ein Geldstück in
die Hand und ging mit dem Sack auf dem Rücken weiter.*

*»Ja, mach dich nur schwer«, zeterte sie, »ich krieg' dich doch
noch in den Topf!«*

*Aber als sie zu Hause die Steine fand, da wurde sie so böse,
daß sie sogleich wieder zum Papierhäuschen lief.*

»Maak open«, reep se, »du büst mi ja weer utreten,
Jan-Manntje!«
»Nee, oll Hexe«, bölkde Jan-Manntje, »magst seggen, wat
du wullt, ik laat di dar neet weer in!« Un dar bleev he bi.
Man do trappde de Hexe de Dör in – un grapps!
satt Jan-Manntje weer in de Sack.

*»Mach auf«, rief sie, »du bist mir ja wieder ausgerissen,
Jan-Manntje!«*
*»Nein, alte Hexe«, brüllte Jan-Manntje, »du kannst sagen,
was du willst, ich laß dich nicht wieder rein!« Und dabei
blieb er.*
Aber da trat die Hexe die Tür ein, und – grapps!
saß Jan-Manntje wieder im Sack.

Nu hull se sük unnerwegens nargends mehr up un broch hum liekto in hör Huus.

Nun hielt sie sich unterwegs nirgends mehr auf und brachte ihn geradewegs in ihr Haus.

»Siso«, sä se, »nu will 'k di ok wat wiesen.«
Un se gung mit hum na en groot Karnrad.
»Kiek, dar mußt dien Kopp tüsken steken!«
»Warum dat denn?« froog Jan-Manntje.
»Um dat dat so moi geiht«, sä se, »wenn ik denn dreih.«
»Maak mi dat even vör, wo ik dat mutt!« sä he.

»So«, sagte sie, »nun will ich dir auch was zeigen.«
Und sie ging mit ihm zu einem großen Karnrad.
»Guck, da mußt du deinen Kopf dazwischen stecken.«
»Warum das denn?« fragte Jan-Manntje.
»Weil das so schön geht, wenn ich dann drehe.«
»Mach mir das eben vor, wie ich das tun soll!« sagte er.

Do stook de Hexe hör Kopp tüsken de Speken,
un Jan-Manntje dreihde dat Rad, un de Hexe gierde
as mall. Man Jan-Manntje sung ut vulle Hals:
»Dreih um, dreih um, Kopp d'r of!
Dreih um, dreih um, Kopp d'r of!«

*Da steckte die Hexe ihren Kopf zwischen die Speichen des
Karnrades, und Jan-Manntje drehte das Rad, und die
Hexe kreischte wie verrückt.*
Aber Jan-Manntje sang aus vollem Hals:
»Dreh um, dreh um, den Kopf ab!
Dreh um, dreh um, den Kopf ab!«

Un he dreihde so lang, bit de oll Hexe dood was.

Und er drehte so lange, bis die alte Hexe tot war.

41

Un Jan-Manntje gung blied weer na sien papieren Huuske. Un wenn he neet stürven is, denn sitt he dar nu noch in.

Und Jan-Manntje ging vergnügt wieder zu seinem Papierhäuschen. Und wenn er nicht gestorben ist, dann sitzt er da jetzt noch drin.

›Jan-Manntje in 't papieren Huuske‹

Märchen sind in Ostfriesland von alters her wenig beachtet und daher auch kaum aufgeschrieben worden. Das Interesse der Sammler galt vornehmlich historischen Sagen und allenfalls noch Schwänken.

So ist von einem vermutlich in Ostfriesland im 19. Jahrhundert noch reichen Bestand an Volksmärchen verhältnismäßig wenig überliefert worden.

Erstaunlich bei der Kargheit der schriftlichen Überlieferung ist jedoch, daß ein einziges ostfriesisches Märchen in neuerer Zeit noch in mehr als zehn unveröffentlichten Varianten nachgewiesen werden konnte, nämlich ›Jan-Mann(tje) in 't papiern Huuske‹.

Der Schluß liegt nahe, daß dieses Märchen einst in Ostfriesland eines der bekanntesten Volksmärchen gewesen ist. Dabei ist dieser Text erstmals um 1900 aufgezeichnet worden und fehlt daher auch bei Grimm und in den anderen großen Sammlungen.

So leitet auch Friedrich Frerichs (1864-1933), damals Pastor in Nortmoor, seine Fassung mit den Worten ein: ›Van mien Kinnerjahren sitt mi disse Geschichte in 'n Kopp, in Böken is de nich to finnen‹.

Seitdem ist der Text jedoch im Verlauf weniger Jahrzehnte weltweit notiert worden, anfangs vor allem in Nordeuropa (Niederlande, Flandern, England, Norwegen), aber auch in Schleswig-Holstein. In Ostfriesland und in den Niederlanden scheint das Märchen bis zum Beginn des 20. Jahrhunderts in der mündlichen Überlieferung erstaunlich lebendig geblieben zu sein.

Das Warn- und Schreckmärchen von dem Däumling (kleiner Junge oder Mann) der von einem Dämon (Hexe, böser Mann) ergriffen und in einen Sack gesteckt wird, zweimal entflieht und beim dritten Mal, kurz bevor er geschlachtet werden soll, den Dämon überlistet, scheint fast ausschließlich Kindern erzählt worden zu sein. Untertitel wie z.B. ›En ostfreese Vertellsel för Kinner‹ und entsprechende Hinweise bei den Texten deuten gleichfalls darauf hin.

Auffällig ist, daß der Text vor allem im westlichen Ostfriesland notiert wurde. Drei Belege stammen aus dem Rheiderland (Ludwig Kluin de Boer, Anton Koolman, Wilhelmine Siefkes), einer kommt aus der Krummhörn (Berend de Vries), fünf weitere (u.a. Elster, Frerichs, Hafermann) gehen auf eine alte Pastorenfamilie zurück. Nur ein Text, von H.G. Ehrentraut stammt aus dem östlichen Ostfriesland, aus Östringen.

›Jan-Manntje in 't papieren Huuske‹ war auch in den Niederlanden eines der bekanntesten Märchen. Der Schluß liegt nahe, daß dieser Text, wie so mancher andere, von dort seinen Weg zum Nachbarn gefunden hat.

Die früheste gedruckte Erwähung des Märchens in Ostfriesland findet sich in den Erinnerungen an die ›erste Schulzeit‹ von Ludwig Kluin de Boer[1], einem Lehrer aus Jemgum. De Boer bringt eine lückenhafte hochdeutsche Zusammenfassung des Textes, zitiert jedoch als einziger einige der ›Kraftstellen‹, die - wie er kommentiert - immer mit besonderem Nachdruck vom Erzähler hervorgehoben wurden. ›Wenn du mi de Dör neet open deist, denn mieg (pinkel) ik di hum to de Hängen (Türangeln) ut!‹ droht die Hexe dem kleinen Jan und später: ›Magst nett so vööl schieten un miegen as du wullt, ut kummst d'r neet!‹ Diese ›Kraftstellen‹ sind Grund genug für de Boer, sich von diesem Märchen zu distanzieren, da es doch ›gar zu dürftig und ordinär‹ sei, obwohl es ›bei Zusammenkünften immer erzählt wurde‹.

Die Fäkalanspielungen, vor allem aber die Tatsache, daß ›Jan-Manntje in 't papieren Huuske‹ ein allgemein bekanntes, ausgesprochenes Kindermärchen gewesen ist, mögen die Gründe gewesen sein, daß der Text von den Sammlern kaum beachtet und erst so spät aufgezeichnet worden ist. Zudem kommt das Märchen eher realistisch-schwankhaft als märchenhaft-poetisch daher.

Die in Ostfriesland notierten Varianten des Märchens unterscheiden sich nur geringfügig, wie z.B. in den Methoden, mit denen die Hexe ihres Opfers habhaft wird: durch Versprechungen und Geschenke (immer kostbarere Pfeifen, Süßigkeiten) oder auch durch Gewalt (Eintreten der Haustür usw.). Unterschiedlich ist auch, wie die Hexe getötet wird: durch das Drehen des Karnrades[2], eine Axt oder einen Stein, den der Held durch den Schornstein fallen läßt. In einer literarisierten Fassung ertrinkt die Hexe auf der Flucht. Nur eine Fassung endet friedlich. Der böse Mann gibt es nach seinem zweiten Versuch auf, den Helden zu fangen. Er stellt fest: ›de nare (kleine) Jung is mi doch to slau‹.

Die Hauptperson des Märchens wird im allgemeinen ›Jan-Mann‹, ›Jan-Manntje‹ oder auch schlicht ›Jan‹ genannt. Die Verkleinerungsform -tje findet sich vor allem in den rheiderländischen Fassungen und ist auf den Einfluß des Niederländischen zurückzuführen.

In der Variante von de Vries heißt der Held ›Grau Törfke‹, in der von Ehrentraut ›Jan Törfken‹, da er ›neet groter [was] as dree graue Törfen‹[3]. Die Titel ändern sich entsprechend.

›Jan-Manntje in 't papieren Huuske‹ ist in Ostfriesland heute kaum noch bekannt. Im Gegensatz zur Vernachlässigung des Textes durch die Sammler, wurde das Märchen jedoch in manchen Familien gehütet wie ein kostbares Erbstück und von einer Generation zur nächsten weitergegeben, sei es mündlich oder auch in Schriftform. Diese Tradition ist vor allem in den bereits erwähnten ostfriesischen Pastorenfamilien gepflegt worden. Dabei konnte nicht ausbleiben, daß der Text hier und da auch literarisiert wurde. Er wurde ausgeschmückt, zuweilen auch lokalisiert, wobei die gutgemeinte, aber überbordende Fantasie eines Bearbeiters auch dazu führen konnte, daß das ursprüngliche Volksmärchen auf der Strecke blieb.

›Jan-Manntje in 't papieren Huuske‹ kann etwas salopp ein ostfriesisches ›Hänsel und Gretel‹ genannt werden, denn der Text ist motivisch eng verwandt mit dem Grimmschen Märchen.

Die Vorlage dieses Bilderbuches wurde um 1910 aufgeschrieben von der ostfriesischen Autorin Wilhelmine Siefkes (1890-1984). Als sie damals Lehrerin im rheiderländischen Jemgum gewesen ist[4], hat ihr Anna Monkhorst, eine alte Jemgumerin, das Märchen erzählt. Im Druck ist dieser Text jedoch erstmals 1958 erschienen.[5]

Theo Schuster

---

1) Ludwig Kluin de Boer (*1854), Meine erste Schulzeit in: Rheiderland 9.3.1907 (Zeitung)
2) Karnrad = großes Schwungrad einer Buttermaschine, mit dem die Stange im Butterfaß angetrieben wurde
3) graue Törfen = Soden von Grautorf (leichter Torf aus der oberen Moorschicht)
4) Mündl. Mitt. v. Wilhelmine Siefkes a. d. Herausgeber
5) Ostfriesland 1958/1, S. 9 f. (Zeitschrift)

ISBN 978-3-7963-0347-0
1. Auflage 2008
© 2008 by Verlag Schuster, D-26789 Leer
Veröffentlichungen in Medien gleich welcher Art bedürfen
einer vorherigen schriftlichen Genehmigung.
Textredaktion, Übertragung des ndd. Textes u. Nachwort: Theo Schuster
Umschlagentwurf u. Illustrationen: Holger Fischer
Gedruckt auf säurefreiem, chlorfrei gebleichtem Papier
Schrift: Bodoni Book
Gesamtherstellung: Hans Kock Buch- und Offsetdruck GmbH, Bielefeld
Printed in Germany